ALFAGUARA

Conoce a Pablo Neruda

Georgina Lázaro León
Ilustraciones de Valeria Cis

Alfaguara

A Beto, *mi padrinito*, que aún
conserva su alma de niño

Cuentan de un señor
que, sin ser mayor
(veintipocos años,
si es que no me engaño),
ya era un escritor
y hasta embajador
de Chile en Colombo.
¡Cuánto honor!
¡Qué bombo!

Residía en Ceilán
sin ningún afán,
una isla situada
allá por Bengala,
en cierto lugar
cerquita del mar:
aguas cristalinas,
música marina,
algas, caracoles,
peces de colores,
el fuerte oleaje…
¡Qué bello paisaje!

Todas las mañanas,
desde su ventana,
al desayunar
veía desfilar
muchos elefantes,
lentos y elegantes,
que se iban a dar
su baño de mar.

Luego, el pobre Pablo,
ese de quien hablo,
contemplaba el viento
con aburrimiento,
pues entre papeles,
cenas y cocteles,
citas, protocolo,
se sentía muy solo.

Estaba tan triste
(no es cosa de chiste)
que para animarse
solía sentarse
larguísimos ratos,
el gran literato,
a escribir poemas
de distintos temas…

10

la madera, el río,
la uva, el rocío,
la lluvia, los trenes,
raíces, andenes,
las olas, la arena,
el gozo y la pena.
Así combatía
desde la poesía
el terrible hastío,
el duelo, el vacío,
de estar tan distante;
pesar de emigrante.

Hasta que un buen día,
para su alegría,
allá, por la costa,
halló una mangosta.
Era tan graciosa
que parecía hermosa
con su vestimenta
de sal y pimienta,
una miradita
casi dinamita,
y el gesto meloso,
un poco orgulloso.

Quedó tan prendado,
que, con mucho agrado,
nuestro buen amigo
le dio pan y abrigo.
La llevó a su casa
de riqueza escasa
y la hizo familia
llamándola Kiria.

13

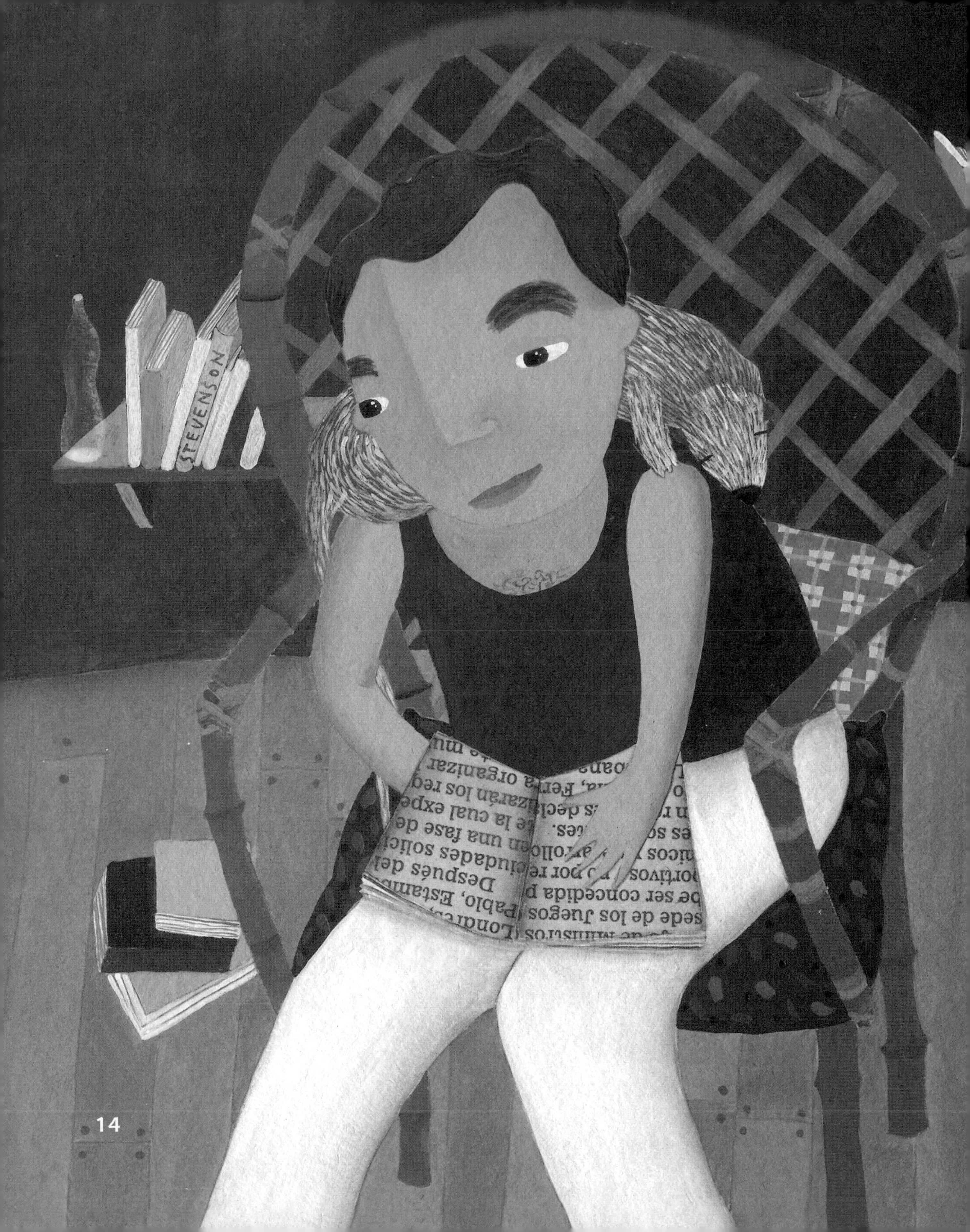
STEVENSON

Comía en su mesa
como una condesa.
Dormía en su cama
igual que una dama.
Y sobre sus hombros,
sin ningún asombro,
tomaba la siesta
y no había protesta.

Él la consentía.
Ella lo seguía
por toda la casa,
por calles y plazas.
Entre sus papeles,
libros y anaqueles
posaba sus patas
y hacía caminatas.

Era muy fogosa
y se hizo famosa
en la vecindad
por su agilidad
y su valentía.
Con gran osadía
cazaba serpientes,
por eso la gente
la solicitaba,
si alguna asomaba
su rostro salvaje
por entre el follaje.

Fue así que un buen día
con algarabía
todo el vecindario
buscó al dignatario.
Niños y mayores
de todos colores,
altos y bajitos,
feos y bonitos,
en gran procesión,
con mucha aprensión,
le solicitaron,
y hasta le rogaron,
que con Kiria fuera
en pos de una fiera;
que a un reptil atroz
cazara veloz.

Fueron todos juntos
derechito al punto.
Callados y en fila,
larga retahíla,
como en un desfile
los niños tamiles
y los cingaleses,
como tantas veces,
sin ningún calzado
y con taparrabos.

Pablo iba adelante
con su acompañante
guardada en sus brazos
casi en un abrazo.

Al ver la serpiente
se sintió valiente
y se tiró al suelo
comenzando el duelo.
Los que la seguían
con algarabía
quedaron distantes,
casi vacilantes,
silenciosos, mudos,
la garganta un nudo.

Kiria avanzó lenta.
Olfateó tormenta.
La feroz serpiente
le enseñó los dientes.
Con su cuerpo entero
fue formando un cero
y con gran fireza
alzó la cabeza.
La miró a los ojos
con ira y enojo.
Era una centella
la serpiente aquella.

Mientras, avanzaba
la mangosta brava
se acercó a su boca;
por poco la toca,
y en aquel instante
dio un salto gigante.
Corre, vuela, pita.
"Patitas, patitas
para qué las quiero…"
Y con desafuero
emprendió carrera
por la carretera.
Dejó a sus amigos
con el enemigo,
incrédulos, quietos
y en un gran aprieto.

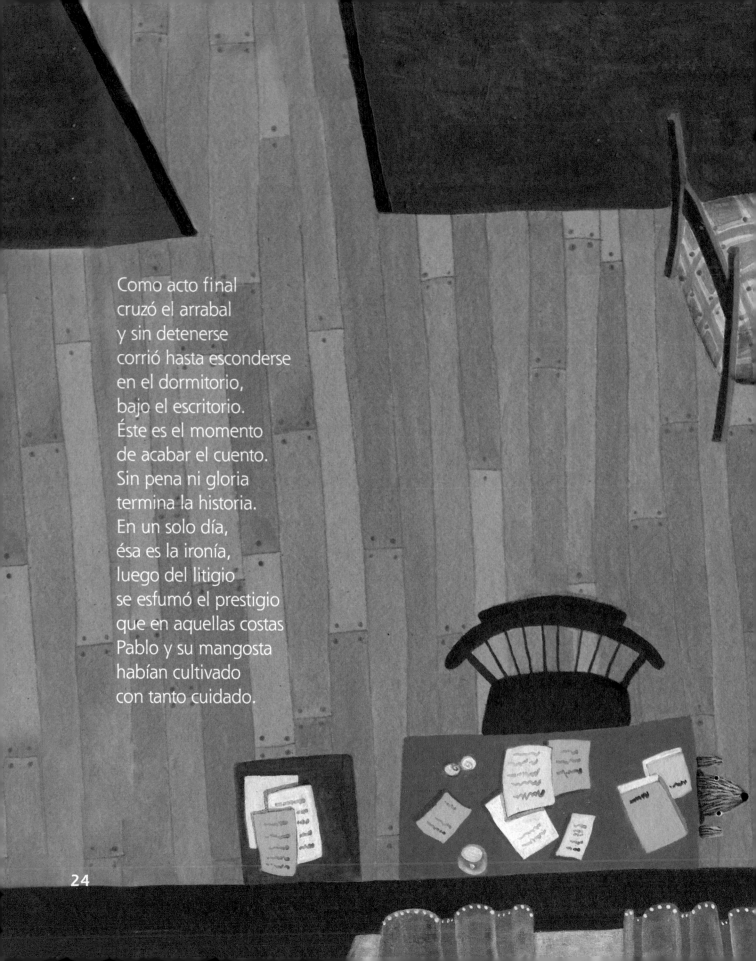

Como acto final
cruzó el arrabal
y sin detenerse
corrió hasta esconderse
en el dormitorio,
bajo el escritorio.
Éste es el momento
de acabar el cuento.
Sin pena ni gloria
termina la historia.
En un solo día,
ésa es la ironía,
luego del litigio
se esfumó el prestigio
que en aquellas costas
Pablo y su mangosta
habían cultivado
con tanto cuidado.

Fueron siempre amigos,
el mar es testigo.
Sin cazar serpientes
se quisieron siempre.
El embajador,
poeta, escritor,
después de aquel drama
ganó nueva fama.
No por su mascota,
tema de chacota,
ni por su osadía
en las cacerías,
sino porque Pablo,
ese de quien hablo,
por si alguien lo duda,
es Pablo Neruda.

Georgina nos habla de Pablo

Mucho tiempo después de los sucesos que se narran en este cuento, se encontraba Pablo Neruda frente al espejo, viéndose como se describió alguna vez: duro de nariz, mínimo de ojos, escaso de pelos, creciente de abdomen, largo de piernas, amarillo de tez… Sonreía mientras se abotonaba el cuello de la camisa. Esta noche se vestiría de frac.

"Si pudiera pintarme mis bigotitos con corcho quemado, como cuando me disfrazo en Isla Negra, todo sería perfecto", pensaba con cara de niño travieso.

El amigo de Kiria ya tenía sesenta y siete años. Además de cónsul en muchos lugares, había sido senador, embajador y Académico de la Lengua. Había escrito hasta esa fecha dos mil páginas de poesía. Sus obras se habían traducido a muchos idiomas. Había recibido una gran cantidad de premios. Había viajado por todo el mundo. Esa noche estaba en Estocolmo y se preparaba para recibir, de manos del rey de Suecia, tal vez el reconocimiento más importante de su carrera: el Premio Nobel de Literatura. Sin embargo, se sentía como en un reparto de premios escolares en Temuco, la pequeña ciudad de Chile, donde vivió de niño.

Y es que Pablo, ese de quien hablo, uno de los mejores poetas de la literatura universal, conservó dentro de sí su alma de niño. Le gustaban los caracoles, los volantines, los pájaros, los caballos de madera o de cartón, los mascarones, las botellas de diferentes formas, tamaños y colores (algunas con barcos adentro)... Coleccionaba objetos y libros como si fueran juguetes, con el propósito de entretenerse. Decía que el niño que no juega no es niño, y el hombre que no juega habrá perdido para siempre al niño que vivía en él y le hará mucha falta.

Nunca lo conocí, pero he leído sus libros y siento que lo conozco y es mi amigo. Supe de su experiencia con Kiria, su mangosta domesticada, porque él mismo la contó en un libro fascinante, *Confieso que he vivido*, donde habla de su vida como si fuera un largo cuento. Mientras lo leía, sentía que él me hablaba. Por eso digo que los libros son mágicos.

Glosario

aprensión: miedo excesivo o recelo.

atroz: feroz, salvaje.

bombo: elogio exagerado con que se alaba a una persona o se anuncia algo.

chacota: risa, burla.

cingalés: persona natural de Ceilán.

Colombo: capital de Ceilán, país que lleva hoy día el nombre de Sri Lanka.

dignatario: persona que ocupa un cargo importante.

en pos: detrás de, en busca de.

hastío: sensación de disgusto o aburrimiento.

ironía: burla o broma.

litigio: pelea.

meloso: dulce.

pesar: sentimiento de dolor y pena.

prendado: encantado.

protocolo: conjunto de reglas o ceremonias establecidas para actos oficiales.

retahíla: serie de cosas.

tamil: miembro de uno de los pueblos que habitan Sri Lanka.

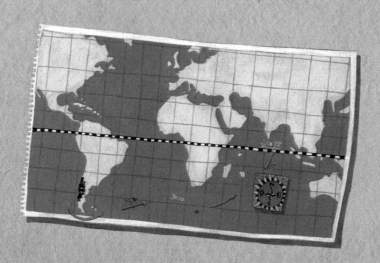

PRISA EDICIONES

© De esta edición:
2012, Santillana USA Publishing Company, Inc.
2023 NW 84th Avenue
Doral, FL 33122, USA
www.santillanausa.com

© Del texto: 2004, Georgina Lázaro León
Publicado orginalmente como *Pablo y su mangosta* por Alfaguara Puerto Rico

Editora: Isabel Mendoza
Ilustraciones: Valeria Cis
Dirección de arte: Jacqueline Rivera
Diseño y diagramación: Mauricio Laluz
Diseño de portada: Mónica Candelas

Alfaguara es un sello editorial del **Grupo Santillana**. Éstas son sus sedes:

ARGENTINA, BOLIVIA, BRASIL, CHILE, COLOMBIA, COSTA RICA,
ECUADOR, EL SALVADOR, ESPAÑA, ESTADOS UNIDOS, GUATEMALA,
MÉXICO, PANAMÁ, PARAGUAY, PERÚ, PORTUGAL, PUERTO RICO,
REPÚBLICA DOMINICANA, URUGUAY Y VENEZUELA.

Conoce a Pablo Neruda
ISBN: 978-1-61435-341-6

Published in the United States of America
Printed in Colombia by D´vinni S.A.

17 16 15 14 13 12   2 3 4 5 6 7 8 9 10